AF411006

BALLET
ROYAL

De l'Impatience.

Danſé par ſa Majeſté le 19.
Feburier 1661.

A PARIS,

Par ROBERT BALLARD, ſeul Imprimeur du Roy
pour la Muſique.

M. DC. LXI.

Auec priuilege de ſa Majeſté.

NOMS DES ACTEVRS
DV PROLOGVE.

Amour.	*Signor Riuani.*
La Conſtance.	*La Signora Anna.*
Prudence.	*Meloné.*
Humilité.	*Melani.*
Fidelité.	*Zanetto.*
Amoureux riche.	*Auguſtino.*
La Verité.	*Bourdigoné.*
Le Vieux.	*Taillauacca.*
Le Deſdain.	*Piſchini.*
L'Amour ſenſuel.	*Aſſalone.*
L'Amour capricieux.	*Atto.*
L'Amour jaloux.	*Chiarini.*

BALLET
ROYAL

De l'Impatience.

PREMIERE PARTIE.

L'Impatience se voyant blasmée par tout le monde pour ne reüssir jamais aux grandes entreprises, fait son possible par le moyen du Ballet d'esprouuer si dans les moindres choses elle peut s'acquerir quelque loüanges.

Premier Recit Italien.

L'Amour enseigne la Patience en son Escole, & sert de Prologue & d'introduction au Ballet.

P R O L O G O.

Amore. *Choro di Virtudi , e Choro d'Amanti.*

Amore.

A Bellezza
Sempre auuezza
Orgogliosa à dominare
Ad amare
Che vuol dire
A seruire
Hà renitenza;
Patienza.

Choro di Virtù.

Patienza.

Amore.

Solo è l'oro
Bel tesoro
Doppo hauer sofferto humile
E lo stile
Inhumano
Di Vulcano
E l'Inclemenza
Patienza.

Choro di Virtù.

Patienza
Ma poiche dotte in lei già ne rendesti
Noi conceder douresti
Dalle tue meste scole homai licenza.

Amore.

Patienza.
Sempre vi è da imparare in tal scienza.

Amore , e Choro di Virtù.

Patienza.

L'Amante ricco.

Dunque sempre nel martoro
Com'vn'altro hò da languire?
Ne mi posso à peso d'oro
Liberare
D'imparare
La dottrina del soffrire?
Dunque sempre nel martoro
Com'vn'altro hò da languire?

PROLOGVE.

Amour.
Chœur de Vertus & d'Amans.
Amour.

 *A Beauté dont sans cesse on flatte l'insolence,*
Qui veut regner par tout, qui se croit tout permis,
Connoissant bien qu'aymer c'est deuenir sousmis,
N'ayme qu'auecque repugnance ;
Mais il faut prendre patience.

Le Chœur.

Il faut prendre patience.

Amour.

L'or ce metail precieux
N'est jamais si charmant, & si brillant aux yeux
Qu'apres qu'il a long-temps souffert la violence,
Et des marteaux & des feux,
Il faut prendre patience.

Le Chœur.

Il faut prendre patience ;
Mais apres qu'exercez par tant & tant d'ennuis,
En cette escole enfin nous sommes tous instruits,
Ne nous deurois-tu pas donner nostre licence ?

Amour.

Il faut prendre patience :
Car quoy que sçache vn Amant,
Il peut faire incessamment
Profit en cette science.

Tous ensemble.

Il faut prendre patience.

L'Amant riche.

Dois-je donc comme vn autre estudier toujours ?
Et l'or que je possede auec tant d'abondance,
Ne peut-il m'exempter de faire vn si long cours
En l'escole de patience.

A iij

L'Amante meriteuole.

Non è cofa intelligibile
Ch' io di meriti ingemmato
Difpreggiato
Frenar deggia l'Irafcibile.
Non è cofa intelligibile.
O bel gufto
D'vn Amor fpeffo infolente
Per poter ci far l'ingiufto
Vuol ch' io faccia il patiente.

L'Amante attempato.

Ch' vn a cui la graue età
Poco tempo lafcia più
Da impiegare in feruitù
Deggia in pace afpettar tarda pietà
Chi l'infegna non ne sà.

L'Amante fdegnofo.

Maledette fian le fcuole
E chi vuol dar precetti à i furor miei.
Più tofto che venirui à imparar fole,
A fupplicio mortal contento andrei.
Maledette fian le fcuole
E chi vuol dar precetti à i furor miei.
Creder vò che fotto l'Eclitica
Più gran Maftro di lui non fi da;
Ma per conto di Politica
Non intende il B A Ba,
Che s'al fin mi ridurrà
A far fol la gatta morta
La Beltà di quefto accorta
Più rifpetto per lui non haurà.
O la mia ftizza quanto ben gli fà?

L'Amante capricciofo.

Speffo Amor vuol ch' il capriccio
Faccia anch'egli vn tale ftudio
Al di cui folo preludio
Tutto ohime mi raccappriccio;
Mà rodendomi la fcabbia,
Ch'a gli Amanti egli difpenfa
Studierò la patienza,
Et imparerò la rabbia.

L'Amant de grand merite.

Qui le croiroit ? Que moy qui pourrois eſtaller
Vn merite ſi rare & ſi digne d'enuie,
Ie deuſſe dans les maux d'vne ennuyeuſe vie,
Me taire ſans jamais me pouuoir conſoler :
Admirez de l'Amour le biſarre caprice,
Qui veut pour faire voir où va ſon injuſtice,
Qu'on ſçache où ma conſtance eſt capable d'aller.

L'Amant decrepit.

Qu'vn homme à qui les ans dont il eſt conſumé
Laiſſent ſi peu de vie & ſi peu d'eſperance,
Doiue attendre à loiſir & ſans eſtre allarmé
Vne tardiue recompenſe ;
C'eſt à qui nous l'enſeigne vne eſtrange ignorance.

L'Amant colere.

Ie maudis de bon cœur la cruelle doctrine
Qui pretend reprimer mon juſte emportement,
Et conſens que l'on m'aſſaſſine,
Pluſtoſt que je pratique vn tel enſeignement.

Qu'en l'art de bien aymer dont il eſt en pratique
Amour ne ſoit ſçauant, on n'en doit pas douter ;
Mais il eſt mauuais politique
Quand il veut empeſcher mon courroux d'eſclater.

Car enfin ce courroux qu'il traitte de rebelle
Eſt l'vnique rempart qu'il ſçauroit oppoſer
A ce que l'orgueil d'vne belle,
Contre vn diſcret amant pourroit ſouuent oſer.

L'Amant capricieux.

Souuent l'Amour imperieux
Veut qu'vn amant capricieux
Aprenne malgré luy cette rude ſcience :
Mais y vouloir forcer mon cœur audacieux,
C'eſt en voulant m'inſtruire en l'art de patience,
M'enſeigner en effet l'art d'eſtre furieux.

L'Amante sensuale. Insegnar la dieta all' appetito
E vna bella inuentione;
Mà l'Affetto di Platone
Non sò gia quanto gradito
Al fin del gioco poi fosse alle Dame;
Hà bel dir chì non hà fame.

L'Amante geloso.

Dunque à studio si penoso
Venir deue anche il Geloso?
Ad vn ch' affoga in mar dar di più à bere
Amarissimo sciloppo?
C' ha da far di più sapere
Vn che muor per saper troppo?
Quanto meglio Amor faria
D'impedir furberie tante
Che voler fatto Pedante
Insegnar ne il malan che Dio gli dia.

Amor.

Hora sù conclusione
Recitate la lettione.

La Prudenza.

Per due lustri di procelle
Agitato il saggio Vlisse
Mai non s'afflisse,
Mà fè sempre soffrendo opre più belle;
Il soffrir con valore
E il mestier dell' honore.

La Constanza.

Sofferenza trà li scogli
De gl'orgogli
Se n'andra come à diporto
Ch' in fin l'irate scille à lei son porto,
Poiche nel suo ben corredato abete
Porta seco la quiete.

L'Humiltà.

Sofferenza è forte scudo
Per stancare auuerso fato
Di lei sola vn cuor armato
Trionferà di ogni rigor più crudo.
Del soffrire il costume
E di palme immortali vn folto Idume.

L'Amant

L'Amant sensuel.

Comment vouloir qu'vn famelique
Apprenne à viure sobrement,
Mais on pourroit douter fort raisonablement
Si la beauté la plus critique,
Quand elle ordonne à son Amant
De se reduire à l'amour Platonique,
Croiroit auoir contentement
S'il obeïssoit pleinement.

L'Amant jaloux.

Faut-il que le jaloux comme vn autre s'engage
A se rendre sçauant en cè triste deuoir?
Helas! qu'a-t'il besoin d'en sçauoir d'auantage,
Luy qui meurt pour en trop sçauoir:
Songe à banir des lieux sousmis à ta puissance,
La fourbe qui te braue auec tant d'insolence,
Amour, c'est vn dessein plus noble & plus prudent,
Que de vouloir comme vn Pedant
Nous enseigner la patience.

Amour.

Qui sçaura sa leçon la vienne reciter,

La Prudence.

Le sage chef des Grecs qui se vid agiter
D'vne si dangereuse & si longue tempeste,
Flatté du bel espoir d'vne illustre conqueste,
Ranima sa vertu dans ses trauaux guerriers,
Et sans cesse adjousta les lauriers aux lauriers:
Dans les maux les plus grands souffrir auec courage
Des plus nobles vertus est le plus digne vsage.

La Constance.

La patience seule est par vn sage effort
Tranquile dans l'orage ainsi que dans le port,
Et du sort ennemy la rigueur quoy qu'extréme
Ne peut troubler la paix qu'elle porte en soy-mesme.

L'Humilité.

Vn cœur humble & soûmis auec vn tel secours,
Des plus fieres beautez triomphera toûjours;
Et celuy qui soutient son mal auec constance,
Doit esperer le fruit de sa perseuerance.

Più che d'ogni mercede
Il soffrir di se gode
Perche solo è il custode
Del tesor della fede,
E costante, più dura
Più di glorie s'acquista immensa vsura.

Amore.

Di sù sdegno.

L'Amante sdegonos.

Io non la sò
Ne' giamai l'imparerò
Che da me s'alcuna Historia
Di patienza vnqua s'vdì
Fuori poi della memoria
In vn subito mi vsci;
Solo io sò che la patienza
Madre spesso diuien dell'insolenza.

Amore.

Mi pagherai l'errore

L'Amante sdegnoso.

Ahi, ahi, perdono, Amore,
Ahi, ahi.

Amore.

Ah impertinente
Saprai la lettione vn'altra volta?

L'Amante sdegnoso.

Ahi, ahi, ahi.

Choro di Virtù.

Non t'ascolta
E' battilo se voi, mai farai niente.
Ciò che natura dà
Toglier alcun non puote.

Amore.

E' verità.

L'Amante sdegnoso.

Quel che mi par più strano
E che il Maestro istesso
Chevuol ch'ogn'vn di noi la flemma impari
Ne sà tal volta men che gli scolari.

La Fidelité.

La force de souffrir, la peine & le mépris
De son propre merite est le plus digne prix ;
C'est d'une foy sincere une marque asseurée,
Et plus d'un sage Amant la peine a de durée,
Plus sa gloire s'augmente, & plus son cœur constant
Adjouste de douceurs au bon-heur qu'il attent.

Amour.

Dittes vostre leçon, Amant brusque & colere.

L'Amant colere.

Moy, ie ne la sçais point, & quoy qu'on puisse faire,
Iamais en cette Ecole on ne m'apprendra rien ;
Tout ce que ie puis dire, est que ie sçais fort bien
Que parmy les Amans ta sotte patience
Se trouue fort souuent mere de l'insolence.

Amour.

Ah ! tu me le payeras.

L'Amant Colere.

Amour, pardonne-moy.

L'Amour.

Tu l'apprendras, enfin, ou tu diras pourquoy.

Le Cœur.

Tu luy parles en vain, & loin qu'il en profite,
Contre tes chastimens sa colere s'irrite :
Car ce que dans les cœurs la nature a tracé
Par les plus grands efforts, n'en peut estre effacé.

Amour.

Il n'est rien de plus vray.

L'Amant Colere.

Ce qui fait ma surprise,
C'est de voir qu'aujourd'huy l'Amour qui dogmatise
Est dans l'art de souffrir, qu'il veut monstrer à tous,
Plus ignorant luy-mesme, & plus foible que nous.

Amore.

Il foffrir in me
Non è nò non è,
Ne fia mai ne fù
Natural Virtù
Ma quel que ne sò
Sol la neceffità me l'infegnò.

Choro di Amanti.

Gran Maeftra del fopportare
E' la rea neceffità
Mà chi fotto di lei fta
A fuggir penfa più ch' ad imparare.

L'Amante fenfuale.

L'hò pur paffata buona
A non hauer anch' io le mie brauate;
Mà non vi è al fin perfona
Che di me hauer non deggia
(Se per fe la defia) qualche pietate.

Amore.

Bafta per hoggi andate pure à fpaffo
Et acciò tal diletto
Non fia fenz'alcun frutto
Offeruate per tutto
Come prouochi a rifo
Dell' Impatienza il general difetto;
Et ecco quei che qui fcorgete attenti
Son tutti impatienti
Di vederne vn Balletto.

Tutti infieme.

Amanti ch'adorate
Vna crudel beltà,
La Patienza imparare
Ch'alfin qualche mercè v'impetrerà.
Mà pur non obliate
L'impatienza à fatto
Che nell'amar chi troppo foffre è matto.

FINE.

Amour.

La souffrance, il est vray, ne m'est point naturelle,
Pour ses rudes leçons, mon humeur est rebelle,
Et le peu que j'en sçais, malgré moy m'est resté,
Des durs enseignemens de la necessité.

Le Cœur.

C'est dans l'art de souffrir vne grande maistresse;
Mais on voit tous les iours qu'vn Amant qu'elle presse
Tâche de l'éuiter de cent & cent façons,
Au lieu de s'appliquer à prendre ses leçons.

L'Amant Sensuel.

Que ie m'estime heureux qu'il me laisse en arriere,
I'estois de son courroux la plus digne matiere :
Il est vray que chacun deuroit auoir pour moy
La mesme charité qu'il demande pour soy.

L'Amour.

C'est assez discouru, mais pour vous mieux instruire
Par tout où vous irez, obseruez sans rien dire,
Combien l'Impatience a de difformité,
Et combien toutesfois, c'est vn vice vsité;
Mais voyez sans sortir combien d'impatience
Chacun témoigne icy que le Ballet commence.

Tous ensemble.

Vous qui suiuez vn bel objet,
Ne vous rebutez point pour son amour cruelle,
Fléchissez-la par vostre zele;
Mais n'oubliez pas tout à fait
L'vsage de l'Impatience :
Souffrir trop lâchement les maux que l'on nous fait,
C'est sans doute en amour vne extrême imprudence.

F I N.

PREMIERE ENTRE'E.

VN Grand donne vne Serenade à sa Maistresse impatient de la voir.

POVR VNE SERENADE.

Chantée par M. le Gros.

Acompagné d'vn Concert de plusieurs instruments:
Messieurs de la Barre, Vincent, Itier, Grenerin, le Moine,
& Hurel. *Tuorbes.*
Piesche, Descousteaux pere & fils, les trois Opteres,
Paisible, Alais, & Destouches. *Flustes.*
Marchand, la Caisse, la Fontaine, le Bret, la Pierre, le Comte, Magny,
les deux la Vigne, les deux le Roux, Roulé,
le Gros, Huguenet. *Violons.*

Sommes nous pas trop heureux,
Belle Iris, que vous en semble?
Nous voicy tous deux ensemble,
Et nous nous parlons tous deux.
La nuict de ses sombres voiles
Couvre nos desirs ardens,
Et l'Amour & les Estoiles
Sont nos secrets confidens.

Mon cœur est sous vostre loy
Et n'en peut aimer vne autre,
Laissez moy voir dans le vostre
Ce qui s'y passe pour moy.
La Nuit est calme & profonde,
Nul ne vient mal à propos,
Le repos de tout le monde
Assure nostre repos.

LE ROY, *repreſentant vn Grand.*

Monſieur le Prince, *de la ſuite.*

le Duc de Beaufort,	le Comte d'Armagnac,
le Comte de S. Aignan,	le Comte de Guiche,
le Marquis de Villeroy,	le Marquis de Genlis,
le Marquis de Raſſan,	Monſieur Bontemps.
Mademoiſelle Verpré.	Meſſ. Baptiſte, & Beauchamp.

Tous de la ſuite.

Sa Majeſté, *repreſentant vn Grand amoureux.*

IE ne fay point de geſte & ne fay point de pas,
Qui ne ſoit de mon rang la preuve ſuffiſante,
Le Monde repreſante icy ce qu'il n'eſt pas,
Moy ie ſuis en effet ce que ie repreſante.

Il n'eſt rien de ſi grand dans toute la nature,
Selon l'ame & le cœur au point ou ie me voy,
De la Terre & de moy qui prendra la meſure,
Trouvera que la terre eſt moins grande que moy.

Ie cede toutefois vaincu par de beaux yeux,
Et la fragilité des Heros que nous ſommes
Eſt telle qu'apres tout le plus petit des Dieux,
Eſt plus à redouter que le plus grand des Hommes.

L'Vniuers a tremblé du bruit de mon tonnerre,
Et la poſterité ne s'en taira jamais;
Auec beaucoup d'éclat j'ay par tout fait la guerre,
I'ay bien plus fait encor, meſme j'ay fait la
      Paix.

Mais ce m'eſt vn threſor ſi doux & ſi touchant
Que celle qui ſur moy r'emporte la Victoire;
Que ie croy que l'Amour n'en eſt pas bon Mar-
      chand,
Si pour la luy payer il ſuffit de ma gloire.

Monſieur le PRINCE, *de la ſuite.*

C'Eſt pour touſiours que ie veux eſtre
 A la ſuite d'vn ſi bon Maiſtre ;
Mon eſperance et mon appuy ;
Qui de noſtre repos compoſe ſes delices,
 Et voyant ceux qui ſont à luy
 Ne regarde que leur ſeruices.
Ha ! ſi l'ocaſion à mon zele répond,
Que j'iray de bon cœur ou l'honneur nous appelle,
Il eſt à ſouhaitter qu'il n'ait plus de querelle :
Mais que je voudrois bien luy ſeruir de ſecond.

Le Duc de Beaufort, *de la ſuite.*

IE porte auec plaiſir ma double ſeruitude
L'vne attache ma vie au Maiſtre que ie ſers,
L'autre attache mon cœur au joug peſant & rude.
D'vne ingrate Beauté dont j'adore les fers :
Ie ne les rompray point quoy qu'elle puiſſe faire,
Et c'eſt vne priſon qui m'eſt tellement chere
Que ie ne voudrois pas faire le meſme tour
Que pour ſortir d'vne autre on me vit faire vn
 jour.

Pour le Comte d'Armagnac, *de la ſuite.*

IEune bien fait & ſans crime amoureux,
 Vous eſtes tellement heureux
Qu'il n'eſt point de fortune au deſſus de la voſtre,
Et d'vn commun accord nous reconnoiſſons tous
Que la Nature a fait des miracles pour vous,
Soit en voſtre perſonne ou dans celle d'vne autre.

Le Comte

Le Comte de S. Aignan, *de la suite.*

*S*Viuant d'vn Maiſtre incomparable,
Fort droit apres luy j'ay marché,
Eternellement attaché ;
A mon deuoir inébranlable :
Ses loix ont reglé mes deſirs,
Je l'ay ſuiuy dans ſes plaiſirs,
Les miens qui me ſont chers ne m'en ont ſceu def-
fendre,
Et des plus courageux comme des plus zelez,
Quand ſur vn ton plus haut il a falu le prendre
Nul ne la mieux ſeruy dans tous ſes démeſlez.

Le Comte de Guiche, *de la ſuite.*

D'*V*ne ardeur aſſez peu commune
J'ay ſuiuy des gueriers le meſtier inhumain,
Encore par bonne fortune
Il ne m'en couſte qu'vne main :
Mon cœur auec l'Amour a touſiours quelque af-
faire,
Mais lors que tout entier ma Maiſtreſſe l'aura,
Souuenez-vous que ce ſera
Si mon Maiſtre n'en a que faire.

Le Marquis de Villeroy, *de la ſuite.*

*L*Ors que j'eſtois petit Garçon,
Chacun me faiſoit la leçon
D'vne charité ſans ſeconde ;
De mon enfance on prenoit ſoin,
J'eſtois le plus joly du monde,
Et j'en prends le monde à témoin,
Mais peut on parler de ſi loin.
Maintenant nul ne me reforme,
L'on ſe tient ſur le ſerieux,
Non que j'aye changé de forme,
Ou que ma taille ſoit énorme,
Mais ie commence d'eſtre vieux.

Les Dames ne m'osent permetre
De leur parler quand ie les voy,
Et dans le commerce auec moy
Ne sçauent sur quel pied se metre,
Ny ce qu'elles s'osent prometre ;
Ie ne le sçay pas trop non plus,
Amour qui dans les cœurs penetre,
Nous soit en aide là-dessus.

Pour le Marquis de Genlis, de la suite.

SVr les traits de vostre visage
S'est trop exercé mon pinceau ;
Il est bon de mettre en vsage
Vn sujet qui soit plus nouueau :
Ce qui jadis eut bonne grace
Ne l'auroit plus en ce temps-cy ;
Et comme enfin la beauté passe,
La laideur mesme passe aussi.

Le Marquis de Rassan, de la suite.

DEs pas aussi beaux que les nostres,
Peut estre auant qu'il soit vn an,
Pourroient bien se changer en d'autres
Pour la conqueste du Turban.

Six Seigneurs de la suite d'vn Grand impatiens de plaire,
surprennent agreablement leur Illustre Maistre, par
Vne Entrée au son de la Ritournelle
de la Serenade.

Le Comte de S. Aignan.
Le Marquis de Villeroy.   Le Marquis de Genlis.
Le Marquis de Rassan.
Messieurs Bontemps & Langlois.

II. ENTREE.

DEux Alchimistes impatiens de voir si leur poudre de projection est faite, ouurant deuant le temps le fourneau, esuentent la matiere, & voyant leur mystere gasté, & l'vn imputant ce malheur à l'impatience de l'autre ils s'entrebattent, en suite dequoy six petits enfans sortent de ce mesme fourneau en forme de gouttes de Mercure.

Les Sieurs d'Oliuet & de Lorge, *Alchimistes.*
Le Comte de Marsan. Monsieur Hesselin, fils.
Monsieur du Mont. Les deux de Lestang,
& Fauier, *petits Enfans.*

Pour des Alchymistes.

QV'est-ce que le merite & la vertu sans l'or?
N'en déplaise aux beaux Arts où l'on se fait instruire,
De l'or en abondance est le meilleur Thresor,
Heureux qui trouueroit le secret d'en produire,
Qui pourroit s'en passer bien plus heureux encor.

III. ENTRE'E.

DEux maistres à danser s'impatientent en montrant la Courante à des Moscouites, & à des Crauates.

Les Sieurs le Conte & la Pierre, *Maistres à danser.*
Les Sieurs Lambert & Rodier, *Moscouites.*
Les Sieurs Desonets & Cordesse, *Crauates.*

Maistres à dancer Impatiens.

QVe de corps maladroits & comme estropiez!
Qu'outre leur peu d'adresse ils ont peu de lumiere,
Quand il faut que la Teste entende la premiere
Ce qu'on veut faire en suite executer aux Pieds.

IV. ENTREE.

DEux Plaideurs impatiens de la longueur de leurs Procés,
preſſent par vne batterie leurs Procureurs de les acheuer,

Les Sieurs Beauchamp, Don , le Chantre, Raynal,
& Desbroſſe.

Pour des Plaideurs.

EStre Amant & languir pour vne Dame ingrate ,
Eſtre Eſclaue & gemir ſous les fers d'vn Pirate
C'eſt vne longue mort ſenſible au derniere point :
Mais quoy qu'elle ſoit dure à celuy qu'elle acable
De toutes les langueurs la plus inſuportable
Eſt d'auoir vn Procés qui ne finiſſe point.

SECONDE PARTIE.

RECIT DE L'IMPATIENCE.

Chanté par Mademoiselle de la Barre.

Acompagnée de Messieurs Vincent, la Barre, Itier, Grenerin, *Tuorbes.*
Marchand, la Caisse, le Bret, & la Fontaine. *Violons.*

COurons où tendent nos desirs,
Il n'est pas tousiours temps de gouster les plaisirs,
On ne peut en auoir trop tost la iouïssance :
Il faut presser pour estre heureux,
Et l'Amour est sans traits, & l'Amour est sans feux
Quand il est sans Impatience.

Ces longs soûpirs & ces langueurs
Ne sont bons qu'à nourrir d'éternelles rigueurs.
En fasse qui voudra la triste experience :
Il faut presser pour, &c.

PREMIERE ENTRE'E.

SIx Portefaix impatiens de se descharger de leur fardeau le jettent par terre, d'où sortent six Nains impatiens d'estre plus long-temps emballez.

Monf. Clinchamp. Les Sieurs d'Oliuet, Vaignac, le Chantre,
S. André, & Desonets, *Portefaix.*
Le Comte de Marsan. Messieurs Hesselin fils, d'Aligre fils,
& Monsieur du Mont, Belo, & l'Estang l'aisné,
Nains.

C iij

Portefaix aux Dames.

VOus nous voyez gemir sous vn faix ennuyeux:
Mais, ô diuins Objets, nous auons plus de peine
A soustenir l'éclat qui sort de vos beaux yeux,
Et cette charge nous entraisne.

Le Comte de Marsan representant vn Nain

QVe ie veux mal à qui me dit
Que ma taille est d'vne Poupée!
Qu'est-ce que j'ay de si petit?
Est-ce le cœur? est-ce l'esprit?
Est-ce la naissance ou l'espée?

II. ENTRE'E.

DEs Oyseleurs à la Chöuette s'impatientent qu'elle n'ait
pas esté bien pour faire venir les Oyseaux.

Messieurs Barbot, & Don.   Les Sieurs du Pron, la Fon, de Gan,
& Des-Airs le Cadet, *Oyseleurs.*
Le petit Iules du Pin fils, *La Chöuette.*

Des Oyseleurs.

RVse & subtilité par tout nous acompagne,
Et ces petits voleurs sont mis à la raison,
Qui se moquoient de nous estant à la campagne,
Mais qu'on fait bië chanter quäd ils sont en prison.

Le petit Iules du Pin fils, *Representant vne Chöuette.*

MOn petit becq est assez beau,
Et le reste de ma figure
Montre que ie suis vn Oyseau
Qui n'est pas de mauuais augure.

III. ENTRÉE.

DEux jeunes defbauchez impatiens de la fucceffion de
leur Pere, luy rompent & brifent fes coffres, à l'aydé de
deux autres Vallets,& le bon homme les furprenant,& en tom-
bant dans le defefpoir les chaffe tous de chez luy.

Le Comte de Sery. Le Marquis de Villeroy,
jeunes Defbauchez.
Le Sieur Lambert, *Pere.*
Meffieurs Tartas, & S. Fré, *Vallett.*

Le Comte de Sery, *reprefentant vn jeune Defbauché.*

QVoy que le befoin me fuggére
Ie ne veux point voler mon Pere,
Ie fçay trop ce que ie luy doy,
Il a de la magnificence,
Et prefque auffi jeune que moy
N'aime guere moins la dépence :
Son cœur eft franc & loyal,
Genereux & liberal,
Il donne deuant qu'il offre,
Point du tout intereffé,
Tant de vertu fauve vn coffre
Du danger d'eftre enfoncé,

Pour le Marquis de Villeroy, *reprefentant vn jeune Débauché.*

DAns cette fougue du bel âge
Où les plus viues paffions
Produifent beaucoup d'actions
Que l'on ne fait guere eftant fage ;
Vn Pere qui vous aime bien
Ne vous laiffe manquer de rien :
Mais vos emportemens ailleurs que dans fa bource
Pouroient trouuer quelque refource
S'il vous eftoit moins indulgent,
Et comme il ne s'agit aupres de la plus chiche
Que de gagner fon cœur pour auoir fon argent,
Que vous allez deuenir riche.

IV. ENTREE.

IVpiter impatient de joüyr de ſes Amours, trompe Caliſte ſous l'habit de Diane, & pour la diuertir ameine nombre de Muſiciens.

Les Concertans ſont les meſmes de la premiere Entrée.

Iupiter. LE ROY.

Sa ſuite. Le Comte de S. Aignan. Monſieur Bontemps, Meſſieurs Verpré & Baptiſte.

Diane. Le Marquis de Raſſan. *Sa ſuite.* Monſieur Langlois. Les Sieurs Deſ-Airs, de Lorge, & la Pierre.

Iupiter déguiſé, repreſenté par ſa Majeſté.

APres auoir tonné quand il eſtoit beſoin
D'abatre les Geans que j'ay réduis en poudre,
 Et fait voler mon nom plus loin
 Que l'Aigle qui porte ma Foudre.

Ie deſcens vers l'Objet qui ſeul me peut charmer,
Et meſme j'y deſcens non ſans quelque ſurpriſe
 Qu'à deſſein de me faire aimer
 Il faille que ie me déguiſe.

Les mortels ne ſçauroient quand ie traite auec eux
Souffrir de ma ſplendeur qu'vne legere trace,
 Et mon éclat trop lumineux
 Les éblouit & m'embaraſſe.

Deuant vne beauté ie cache finement
Cette pompe diuine ou mon eſtre ſe fonde,
 Et l'on me prendroit ſeulement
 Pour le premier Homme du monde.

Le monde cependant m'adore & connoiſt bien
Qu'à ſon vtilité ie diſpoſe les Aſtres,
 Et ſuis la ſource de ſon bien,
 Sans eſtre autheur de ſes deſaſtres.

Et la greſle & la pluye & les vents inconſtans
Furent des fiers Deſtins l'ouurage neceſſaire;
 Nous n'aurons plus que du beau temps,
 Et c'eſt ce qui me reſte à faire.

Le Comte

Le Comte de S. Aignan , repreſentant vn des ſuiuants
de Jupiter.

I E ſers vn Maiſtre incomparable ,
En l'honneur de luy plaire on trouue des appas ,
La peine qu'on y prend eſt vn bien deſirable ,
Et la Fortune ſuit ceux qui ſuiuent ſes pas.

TROISIESME PARTIE.

Recit Crotefque.

Le Signor Affalon, *Maiftre de Mufique.*
Les Sign. Bourdigone, Melone, Pichini, Auguftini, Chiarino,
Muficiens.
Monfieur Baptifte, *Guitarre.*
Mefsieurs la Barre, Vincent, *Tuorbes.*
Monfieur Itier, *Violle.*
Payfans. Mefsieurs Geoffroy, du Mouftier, Don, Vagnac, Bonar,
Rodier, Defonets, & Cordeffe.
Canars. Belo, les deux de Leftang, & Fauier.

PREMIERE ENTRE'E.

DEs gourmands voyans leur fouppe, impatiens de la man-
ger, mettent tous la cuillier dans la marmite, & la
portent à la bouche, & s'eftans bruflez font mille fortes de
grimaces.

Mefsieurs Parque & Clinchamp. Les Sieurs Des-Airs, la Fon,
du Pron, & Defbroffes.

Pour des Gourmands qui fe bruflent.

L'Impatience nuit à qui n'en eft point maiftre,
Ne fe preffer pas tant c'eft joüer au plus fin,
Et ces Gourmands punis nous donnent à connoiftre
Qu'à force d'aler vifte on demeure en chemin.

II. ENTREE.

DEs Creanciers impatiens donnent leurs obligations à des
Sergens pour les executer, prennent eux-mefmes au corps
leurs debiteurs & enleuent leurs meubles.

Le Comte de S. Aignan, *Debiteur.*

Le Marquis de Raſſan, Les Cheualiers de la Marthe & de Fourbin, Monſieur Bon-temps, *Creanciers.*

Meſſieurs Langlois, & d'Heureux, *Archers ou Sergents.*

Le Comte de S. Aignan, *repreſentant vn Debiteur pourſuiuy par des Creanciers.*

O *Que le Creancier eſt vne Nation*
Facheuſe, opiniaſtre, importune & preſſante!
Volontiers on luy donne vne aſſignation
Pour laquelle manquer volontiers on s'abſente:
Moy qui ſuis quelquefois de la vacation,
Lors que mon débiteur me prie
De luy donner du temps, qu'il proteſte qu'il crie,
Que pour l'heure preſente il eſt gueux comme Iob,
Que pour me ſatisfaire il n'eſt rien qu'il ne faſſe,
Et qu'il me dit, Monſieur, mettez vous en ma place,
Mon amy, ie n'y ſuis que trop,
Voila comme l'affaire entre noüs deux ſe paſſe.

III. ENTRÉE.

H Vict Cheualiers de l'ancienne Cheualerie eſtans Riuaux & impatiens de faire paroiſtre leur adreſſe à la Dame leur Maiſtreſſe, n'attendent pas meſme que les Violons ſoient d'accord, & ne laiſſent pas de danſer en cadance leur Entrée. La meſme Dame auſſi impatiente de leur plaire de la meſme ſorte danſe auec eux.

LE ROY.

Meſſieurs Verpré & Baptiſte. Les Sieurs Beauchamp, le Vacher, Raynal, le Comte, & la Pierre, *Cheualiers.*
Mademoiſelle Verpré, *la Dame.*

Pour ſa Majeſté, repreſentant vn Cheualier de l'ancienne Cheualerie.

V Oicy la fine Fleur de la Cheualerie,
  Qui paſſe de bien loin nos Heros fabuleux
En belles actions comme en galanterie ;
    Enfin ce Prince merueilleux ,
Que l'Amour ſuit par tout, que la gloire acompagne ,
    Et le pur ſang de Charlemagne.

    Qu'il dance , ou qu'il combate , auſſi-toſt qu'il paroiſt
L'on voit par deſſus tout ſa grandeur heroïque ,
C'eſt l'honneur & l'appuy de l'ordre dont il eſt ,
    La Chevalerie eſt antique ,
Et ie la croy du temps de ſes premiers Ayeux ,
    Mais le Cheualier n'eſt pas vieux.

    La Guerre & la Diſcorde en nos jours étouffées
Sans ſa Teſte & ſon Bras ſeroient encor debout ,
Il a fait de leur chûte vn comble à ſes Trophées ,
    Bref il a pacifié tout ,
Et nous donnant la Paix, & ſe donnant Thereze,
    A mis tout le monde à ſon aiſe.

IV. ENTREE.

Q Vatre Marchands Mores impatiens de l'arriuée de leurs vaiſſeaux , conſultent deux Boëmiennes.

Meſſieurs Ioyeux , Barbot , du Faur , & Des-Airs l'aiſné ,
Marchands Mores.
Mademoiſelle Giraut, & Mademoiſelle la Faueur.
Boëmiennes.

Les Mores.

A V lieu de nous aimer faut-il que l'on nous craigne ,
  Ne ſçaurions nous jamais paruenir à nos fins ?
    Et n'aurons-nous point noſtre regne ,
    Comme ces Meſſieurs les Blondins ?

QVATRIESME PARTIE.
RECIT DE LA LOTERIE.

Chanté par Mademoiselle Hilaire.

Accompagnée de Messieurs Vincent, la Barre, Itier, le Moine,
Tuorbes.
La Caisse, Marchand, Magny, la Fontaine, le Bret,
& la Vigne, *Violons.*

VEnez vous ranger sous mes loix,
Ie reçoy toutes vos offrandes,
Sans difference & sans choix :
Mes faueurs les plus grandes,
Sont quelques Billets doux,
Où vous aspirez tous,
Peu d'heureux, beaucoup de jaloux.

Ma main couronne le hazard,
Et le faux & le vray merite
En mon cœur ont mesme party ;
La fortune est écrite
Dans quelques billets doux, &c.

PREMIERE ENTRE'E.

DEs Suisses seruis par des Florentins auec des Bouteilles
à long goullot, & des petits verres, impatiens de boire
se jettent dans vn muid de vin, pour boire à leur aise.

Les Sieurs d'Oliuet, le Chantres, Desonets, & Cordesses.
Suisses.
Les Sieurs S. André, & Desbrosses, *Florentins.*

D iij

BOns corps d'hommes
Que nous ſommes
Nul trauail ne nous déplaiſt ;
Il n'eſt rien qui nous moleſte,
Hormis la ſoif qui nous eſt
Plus funeſte
Que la peſte :
Pour des raiſons
Nous en faiſons
Sans peine aucune,
Et n'en diſons
Iamais pas vne.

II. ENTRE'E.

DEs filles attendent impatiemment l'arriuée de leurs Gal-
lands, regardent inceſſamment par les portes & par les fe-
neſtres, ſortent dans la ruë, enuoyent leurs ſeruantes au deuant, & font paroiſtre leurs inquietudes par mille poſtures
differentes.

Le Comte de Sery. Le Marquis de Genlis. Les Sieurs le Vacher,
& la Fon, *Amoureux.*
Les Sieurs S. Fré, & de Gan, *Maiſtreſſe.*
Les Sieurs Don & Cordeſſe, *Seruantes.*

Le Marquis de Genlis, *Amoureux.*

COmme de ſes talans volontiers on ſe pique,
Beau, Galand, Amoureux ſont les trois atributs
Que ie poſſede encore, & que j'ay touſiours eus,
Si quelque ſeuere critique
Ne me vient retrancher le premier tout au plus.

La Nature n'eſtant ni bizarre ni folle,
Sur vn moule aſſez iuſte auoit formé mes traits,
Mais pour gaſter ſon œuure incontinent apres
Suruint la petite verole,
Qui n'a iamais manqué d'arriuer tout exprés.

III. ENTRE'E.

DIx Aueugles impatiens de fortir de crainte de perdre l'heure de gaigner leur vie n'attendent pas leur conducteur , & fe fians à leurs baftons 's'entrechoquent les vns & les autres, & fe battent.

Le Marquis de Raffan. Meffieurs Bontemps & Ioyeux.
Meffieurs Baptifte & l'Anglois. Les Sieurs le Comte, de Lorge,
Rodier, Bonar, & la Pierre , *Aueugles.*

Mefs. le Gros , Don , Spirli , & Piefche , *Muficiens.*
Mefsieurs Robertet & la Vigne, *Vielles.*
Les Sieurs la Caiffe & Marchand , *Violons.*
Mefsieurs Magny & Geoffroy , *Fluftes.*
Mefs. Du Mouftier & le Bret , *Baffes à cordes à boyau.*

RECIT DES AVEVGLES.

A Pres la clarté perduë ,
Qui nous fuft vn bien fi cher ,
A d'autres fens que la veuë ,
Il faut donc nous retrancher ;
Pour eftre aueugle eft-ce à dire,
Qu'on ne goufte rien de doux ?
Amour qui fçait fi bien rire
Eft aueugle comme nous.
L'atouchement nous confole
Du bien qui nous eft ofté ,
Et iamais fur fa parole ,
Nous n'en croyons la beauté.
Pour eftre , &c.

Les Aueugles , *aux Dames.*

V Ous pourrieȝ bien tirer quelque defauantage
De noftre aueuglement qui nous fauue du feu ,
Si de nos yeux pour vous nous n'auons point l'vfage,
Les voftres contre nous vous feruent aufsi peu.

Pour Monſieur Baptiſte, *repreſentant vn Aueugle.*

CEs chans harmonieux nous rauiront touſiours,
Sur les autres touſiours ils auront la victoire,
Et pour l'intereſt de ſa gloire,
Cét Aueugle n'a rien à craindre que les Sourds.

IV. ET DERNIERE ENTREE.

DEux Amants impatiens enleuent leurs Maiſtreſſes, ſçauoir Pluton, Proſerpine; Borée, Orithie.

Le Duc de Guiſe, *Pluton.*   Le Comte d'Armagnac, *Borée.*
Les Cheualiers de la Marthe & de Fourbin. *Demons.*
Meſſieurs du Faur, & d'Heureux, *Vents.*
Les Sieurs Beauchamp, Raynal, *Demons traueſtis.*
Deſbroſſes, & du Pron, *Vents traueſtis.*
Mademoiſelle Girault, *Proſerpine.*
Mademoiſelle de la Faueur, *Orithie.*

Pluton *repreſenté par le Duc de Guiſe.*

Avx Dames.

VOus de qui les beautez me ſemblent ſi charmantes,
Souffrez ma paſſion ſans douter de ma foy,
Puis-ie eſtre ſoupçonné de flâmes inconſtantes?
Et les feux éternels ne ſont-ils pas chez moy?

Plus de cent pieds ſous terre en lieu fort écarté
Vos fautes auec moy ne ſeront point celebres,
Et comme la pudeur aime l'obſcurité,
Ne ſuis-ie pas auſſi le Prince des Tenebres?

Oſtez-vous de l'eſprit mille chimeres vaines
Les demons, les ſerpens, & la flâme & le fer,
Et ſans vous alarmer de la crainte des peines,
Pechez auec celuy qui peut tout en Enfer.

Pour

Pour le Comte d'Armagnac, *repreſentant Borée.*

CE vent impetueux a fait de beaux vacarmes,
  A bien déconcerté des attrais & des charmes
Au point qu'il a regné depuis ces derniers temps,
Quel dégaſt n'a-t'il fait dans les fleurs du Printemps?
Il a couché par terre & les lys & les roſes,
Bref il a renuerſé tant de ſi belles choſes
Dont il n'eſt pas icy beſoin que nous parlions,
Qu'en renuerſant la Flote & tous ſes milions
Qui ſeruent à l'Eſpagne à ſouſtenir la guerre,
Et donnent tant d'enuie au reſte de la Terre,
Il eut renuersé moins, & causé du fracas,
Dont les gens de bon ſens auroient fait moins de cas.

Noms des Acteurs de l'Epilogue.

L'Amour. Le Sign. Riuani.
L'Impatience. La Sign. Anna.   *La Patience.* Le Sign. Melani.

Chœurs d'Amoureux.
Les Sign. Atto , Taillauacca, Meloné , Bourdigoné , Piſchini,
Aſſalone , Chiarini, Zanetto, & Auguſtini.

EPILOGO.

*Amore. La Patienza. L'Impatienza.
Choro di Amanti.*

Amore.

VI vorrei pure accordare.
Tu sai ben s'io t'hò nel cuore,
Tu sai ben s'al tuo tenore
Spesso accordo il sospirare.
Vi vorrei pure accordare.

L'Impatienza.

Se colei ti guiderà
Tu n'andrai sempre beffato,
O se mai sarai beato
Quanto duol ti costerà?

La Patienza.

In van fia che poi ti lagni
E che chiami il Ciel scortese,
S'a colei tu t'accompagni
Non sperar mai grandi imprese.

Amore.

A non già punto adularui.
Tu sei ben spesso indiscreta,
E tu troppo fredda, e cheta.
Che però cerco accordarui.

L'Impatienza e la Patienza.

E ciò credibile
Vnqua ti fù?
Che l'impossibile
Dunque vuoi tu?
Prendi quella e lascia me;
E' se vuoi che teco io stia
Torci pur dall'altra il piè
Ch'io non vò sua compagnia.
Pensa pur ciò che fia meglio per te.

EPILOGVE.

Amour.

La Patience, l'Impatience.

Amour.

IE voudrois aujourd'huy vous pouuoir accorder,
Vous ſçauez de vous deux qui i'aymerois à ſuiure,
Vous, vous ſçauez comment ie ſçay m'accommoder
    A voſtre maniere de viure ;
Mais enfin ie voudrois vous pouuoir accorder.

Parlant à
l'Impat.
& à la Pat.

L'Impatience.

Amour, ſi tu pretends ſuiure la Patience,
N'eſpere plus trouuer que mépris & ſouffrance,
Ou ſi l'on ſatisfait quelqu'vn de tes deſirs,
Sois ſeur de l'achepter par de longs déplaiſirs.

La Patience.

Si ma Riuale, Amour, te guide & te poſſede
Ne crois pas que iamais rien de grand te ſuccede.

Amour.

Diſons vray, vous auez trop d'indiſcretion,
Et vous trop de lenteur & de precaution,
Et pour vous mieux regler il faudroit, ce me ſemble,
Que vous fiſſiez effort pour vous vnir enſemble.

A l'Impat.
A la Pat.

L'Impatience & la Patience.

D'vn deſſein ſi bizare, as-tu pû te flatter ?
Reſous-toy de la ſuiure, & penſe à me quitter,
Ou bien ſi tu pretends qu'auec toy ie demeure,
De ma Riuale, Amour, éloigne toy ſur l'heure ;
Tout accord me ſeroit auec elle odieux,
Penſe auec qui de nous tu croiras eſtre mieux.

E ij

La Patienza.

Io farò che i lunghi affanni
Ti parran grati momenti.

L'Jmpatienza.

Schiuerai meco gl'inganni,
O risparmierai de i stenti.

La Patienza.

Forte Rocca, è ben difesa
Se ne beffa di sorpresa.

L'impatienza.

Forte Rocca, e ben guardata
Vuol tal volta esser forzata.

La Patienza.

Più sicuro è gire adagio.

L'Impatienza.

Si può amare à suo bell'agio?

La Patienza.

Da colei fatto incostante
Tu parai fuoco tonante.

L'Impatienza.

Di colei col pigro instinto
Tu parai fuoco dipinto.

Amore.

Ciò non fià che più m'annoi.
Gitene ambi oue â voi piace,
E lasciatemi qui in pace
Ch'io farò senza di voi.

La Patienza, e l'Impatienza.

Come ciò?

Amore.

Con porre in vso
Nell'amoroso gioco
Con vn cambio confuso
Le vostre meglior leggi à tempo, e luoco.

La Patience.
Par moy les longs ennuis d'vne flamme conſtante
Paſſeront prés de toy pour vne douce attente.

L'Impatience.

De la fourbe, par moy tu fuiras le danger,
Et de mile dangers ie te puis dégager.

La Patience.
Vne place importante, & qui ſçait ſe deffendre
Se rit du vain effort de qui la veut ſurprendre.

L'Impatience.
Vne de qui l'orgueil ne ſe peut abaiſſer ?
Croit honteux de ſe rendre, & veut ſe voir forcer.

La Patience.
Penſez-vous qu'en amour celuy qui plus s'empreſſe
Soit plus ſeur de gagner le cœur de ſa Maiſtreſſe?

L'Impatience.
Penſez-vous qu'vn Amant gardant ſa grauité
Ait l'heure du Berger à ſa commodité ?

La Patience   à l'Amour

Si tu la ſuis, ton feu portant par tout la guerre
Sera plus odieux que celuy du tonnerre.

L'impatience.

Si tu la ſuis, ton feu peſant & preſque eſteint
Sera comme ces feux que la peinture feint.

Amour.

Mais ſans prendre vn ſoucy qui n'eſt pas neceſſaire,
Ie feray bien ſans vous ce que ie pretends faire.

La patience & l'Impatience.

Comment donc ?

Amour.

Me ſeruant auec diſcretion
De ce qu'en ſon humeur, l'vne & l'autre a de bon,

Amore, la Paticnza e l'Impatienza.

Amanti al fin Amor dalle fue fcuole
Alla furia e alla flemma hà dato il bando,
Quindi è che per goder tal volta amando,
Accortezza ci vuole
Che della guerra al par
Soggetto al dominar
Della Fortuna
Non hà il gioco d'Amor regol a alcuna.

Amore.

A chi n'intefe rimirando, e tacque
Gratie rendiam per la benigna audienza,
Mà s'il Balletto, & il cantar non piacque,
Rimedio altro non v'è c'hauer Patienza.

Tutti infieme.

E voi Belle che lodate
Ne gli Amanti tal virtù
Sol voi fteffe incolpate
Qual'hor quefti non l'han più;
Poich' al fin con bilanciare
Gioie e guai, rifi e pianti
A voi ftà d' infegnare
La Patienza a gli Amant.

F I N E.

Amour, la Patience, & l'Impatience enſemble.

Amans, enfin l'Amour bannit auec prudence
L'exceZ de la Lenteur & de l'Impatience,
Et ſans donner de Loix à voſtre paſſion,
Ne vous propoſe plus que la diſcretion;
Car il faut l'aduoüer, la ſcience amoureuſe
De meſme que la guerre incertaine & trompeuſe,
Eſtant ſujette au ſort qui decide ſans choix,
Ne ſçauroit receuoir de regles ny de Loix.

Amour.

A qui nous a donné fauorable audience,
Nous deuons vn remerciement
Si dans nos Airs ou noſtre Danſe,
Quelqu'vn n'a point trouué de diuertiſſement,
Le ſeul remede eſt d'auoir Patience.

Tous enſemble.

Beautez qui regneZ ſur les cœurs,
Vous qui dans vos adorateurs
Trouuez la Patience belle,
N'en accuſeZ que vous, lors qu'ils s'éloignent d'elle;
Car en mélant adroitement
Le plaiſir auec le tourment,
En meſlant aux rigueurs quelque choſe de tendre,
Vous pouuez aiſement apprendre
La Patience au plus rebelle Amant.

Fin du Ballet.